Inhalt

Unternehmensfinanzierung: High-Yield-Bonds als Alternative zum Bankkredit

Kernthesen

Beitrag

Fallbeispiele

Weiterführende Literatur

Impressum

Unternehmensfinanzieru High-Yield-Bonds als Alternative zum Bankkredit

G.Dengl

Kernthesen

- High-Yield-Bonds erfreuen sich derzeit großer Beliebtheit. In der aktuellen Niedrigzinsphase suchen Investoren händeringend nach rentierlichen Anlagen. Offensichtlich sind sie auch wieder bereit, mehr Risiko einzugehen und in Papiere unter Investment Grade zu investieren.
- Für Unternehmen sind High-Yield-Bonds als Alternative zur Finanzierung über Bankkredite attraktiv. Gerade

Unternehmen mit geringer Bonität kommen nach Basel II kaum noch an finanzierbare Kredite.
- Obwohl Finanzmarktkenner dem High-Yield-Bond-Markt ein starkes Wachstum prognostizieren, gibt es nach wie vor Wachstumshemmnisse; dazu zählen einerseits die hohen Kosten für ein Rating, wenn noch keines existiert, sowie andererseits, die unklare rechtliche Situation bei Zahlungsverzug.

Beitrag

Starke Nachfrage nach High-Yield-Bonds

Seit einigen Monaten ist zu beobachten, dass Hochzinsanleihen (engl. High-Yield-Bonds) - früher auch als Ramsch-/Schrottanleihe (engl. Junk Bonds) bezeichnet - deutlich höhere Renditen einfahren als Staatsanleihen, die in der Regel als Benchmark gelten. [(5)](#) Der Euro-High-Yield-Constrained-Index (HEC) von Merrill Lynch ermittelt mittlerweile eine Gesamtrendite seit Jahresbeginn von 22,6%; 15,4% davon durch Kursgewinne. [(1)](#) Offensichtlich gibt es -

obwohl die Masse der Anleger nach wie vor als zurückhaltend bezeichnet werden muss - wieder eine steigende Zahl von Investoren, die bereit sind, ein höheres Risiko einzugehen, wenn sie so eine höhere Rendite erwirtschaften können. High Yields gewinnen für diese Anleger aktuell stark an Attraktivität. Auf der anderen Seite entdecken kapitalsuchende Unternehmen, vor allem solche mit geringer Bonität, den High-Yield-Bond-Markt als Alternative zur Kreditaufnahme bei einer Bank. Die Kombination dieser Faktoren lässt den High-Yield-Bond gleichermaßen ins Blickfeld von Kapitalsuchenden und Kapitalanlegern rücken.

High-Yield-Bonds aus Sicht der Anleger

High-Yield-Bonds beinhalten zum einen eine hohes Risiko, aber zum anderen auch die Chance auf eine hohe Rendite. Auch wenn in den vergangenen Monaten mit High-Yield-Bonds ein gutes Geschäft zu machen war, so ist vor allem bei Privatanlegern besondere Vorsicht angebracht, wenn es um den Kauf von High-Yield-Bonds geht. Sie können das mit dem Kauf der Anleihe verbundene Risiko oft schlechter abschätzen als professionelle Investoren, und deshalb in der Regel besser mit Papieren, die mindestens ein BBB-Rating aufweisen können. (16) Da High-Yield-Bonds als Einzelinvestment ein hohes Risikoprofil aufweisen, zwingen sie den Investor zu einer gründlichen und kontinuierlichen Überwachung.

Grundlage für die Investitionsentscheidung sind dabei für den Anleger - ob institutionell oder privat - immer noch die Jahresabschlussdaten. Nach den Bilanzfälschungsskandalen der vergangenen Jahre sind Anleger gerade bei riskanteren Anlagen umso skeptischer, was die Qualität der Daten betrifft. (17) Sie fordern grundsätzlich umfangreiche Publizitätspflichten und bestimmte Zusagen über die Verwendung der Mittel, so genannte "covenants". Diese Einschränkungen engen zwar den Spielraum der Unternehmen ein, machen aber das Risiko für die Anleger besser abschätzbar. (7)

Kapitalbeschaffung über Bankkredit zunehmend schwieriger

Wenn es um die Unternehmensfinanzierung geht, so dominiert in Deutschland immer noch klar der Bankkredit (etwa 80%) vor anderen Formen, wie

beispielsweise der Emission von Anleihen (etwa 3%). In den USA ist das Verhältnis beispielsweise ganz anders, 43% via Bankkredit bzw. 24% via Anleihen. Eine Verschiebung in diese Richtung auch in Deutschland bzw. in Europa wird von Finanzmarktkennern für die nächsten Jahre erwartet. (12) Ein wesentlicher Grund ist, dass sich Banken zunehmend aus dem Geschäft der Unternehmensfinanzierung zurückziehen. Dies hat vorrangig zwei Gründe:
1) Auf der einen Seite sind Kredite nach Basel II mit durchschnittlich mehr Eigenkapital zu hinterlegen als früher. Dieses Eigenkapital steht deshalb für lukrativere Geschäfte nicht mehr zur Verfügung. Die Margen im Kreditgeschäft sinken dementsprechend.
2) Auf der anderen Seite haben die vergangen zwei Jahre eine außergewöhnlich hohe Zahl an Unternehmensinsolvenzen gebracht. Diese sind jeweils mit Forderungsausfällen, hohen Einzelwertberichtigungen und Aufstockung der Risikovorsorge verbunden. (12)

Segmentierung des High-Yield-Bond-Marktes

High-Yield-Bonds unterscheiden sich von herkömmlichen Unternehmensanleihen dadurch,

dass sie in der Regel nicht der Finanzierung des operativen Geschäfts dienen, sondern in besonders risikobehafteten betriebswirtschaftlichen Situationen zum Einsatz kommen. Typischerweise kann man den High-Yield-Bond-Markt in drei Segmente unterteilen:
1) Start-Ups, die Kapital für die Anschub- und Expansionsfinanzierung benötigen.
2) Leveraged-Buy-Outs (LBO). Dabei handelt es sich um eine fremdkapitalfinanzierte Firmenübernahme durch einen Investor. Das Unternehmen weist in der Folgezeit einen verhältnismäßig hohen Verschuldungsgrad auf. (3)
3) So genannte "Fallen Angels". Dabei handelt es sich um Unternehmen, die noch kurz vorher eine hohe Bonität hatten, aber aus diversen Gründen (Fehlentscheidung des Managements, strukturelle Probleme der Branche) in eine wirtschaftlichen Notlage geraten sind, die zur Herabstufung der Bonität auf Speculative Grade (niedriger als "BBB -" bzw. "Baa3") geführt hat. Sie benötigen das Fremdkapital, um notwendige Restrukturierungsmaßnahmen zu finanzieren und fällige Kredite oder Anleihen zu refinanzieren. Beispiele sind ABB, Alcatel, Ericsson, Fiat, HeidelbergCement oder Vivendi Universal. (3), (2), (9)

Es zeigt sich derzeit jedoch deutlich, dass die Start-Up-Finanzierung stark an Bedeutung verloren hat während vor allem bei den LBOs und den "Fallen

Angels" hohe Wachstumsraten zu verzeichnen sind. (7) Die Rating-Agentur Fitch beobachtet den europäischen High-Yield-Bond-Markt und kommt darüber hinaus zu dem Ergebnis, dass es im vergangenen Jahr deutlich weniger Ausfälle gab und sich die Rückerstattungsquote merklich verbessert hat. (4)

Fallbeispiele

1) Die französische Mediengruppe Vivendi Universal produzierte mit einer Anleihe über knapp 1 Mrd. Dollar und 500 Mill. Euro die bisher mit Abstand größte europäische High-Yield-Bond-Emission überhaupt. Und obwohl das Renditeversprechen mit 6,25% wohl mit zu den niedrigsten gehören dürfte, die der europäische High-Yield-Bond-Markt je gesehen hat, fand sie reißenden Absatz. (6)

2) HeidelbergCement startete mit einer siebenjährigen Anleihe über 700 Mill. Euro die bisher größte auf eine Tranche ausgelegte in Euro denominierte High-Yield-Bond-Emission. (7) Aufgrund der hohen Nachfrage konnte das Unternehmen die Anleihe sogar noch aufstocken. Die

besondere Attraktivität dieser Emission erwächst auch aus den diversen zugestandenen Gläubigerrechten. (14), (6)

3) Der thüringische Konzern Jenoptik begibt eine Anleihe mit einem Volumen von 100 Mill. Euro. Die Anleihe sollte eigentlich die Eigenkapitalbasis stärken; aufgrund des Ratings unter Investment Grade, ist die Anleihe jedoch zum attraktiven High-Yield-Bond geworden. (11), (10)

4) Obwohl Mittelständler sehr genau kalkulieren müssen, ob sich ein Gang an den Kapitalmarkt für sie lohnt, gibt es Beispiele bei denen die Rechnung aufzugehen scheint. Mit dem Getriebehersteller Flender geht erstmals auch ein deutscher Mittelständler an den High Yield Markt. Volumen: 250 Mill. Euro. (15)

Weiterführende Literatur

(1) Hochverzinsliche Anleihen vorne weg Spekulative Bonds bleiben in der aktuellen konjunkturellen Erholungsphase erste Wahl
aus Finanz und Wirtschaft, Seite 33

(2) Mit Unternehmensanleihen fahren Anleger noch eine ganze Weile hohe Erträge ein
aus Börse Online vom 07.08.2003, Seite 90

(3) Hochzinsanleihen: Ohne Risiko kein Spaß
Investoren drücken auf der Suche nach Rendite in letzter Zeit ein Auge zu
aus Börsen-Zeitung, 30.08.2003, Nummer 167, Seite 5

(4) Fitch: Weniger Ausfälle bei Hochzins-Bonds Auch Rückerstattungsquote verbessert sich
aus Börsen-Zeitung, 05.09.2003, Nummer 171, Seite 4

(5) Eurobondmarkt "Gefallene Engel" mit neuen Flügeln Die Erholung der Kreditqualität steht noch aus
aus Neue Zürcher Zeitung, 07.07.2003, Nr. 154, S. 15

(6) Europas High-Yield-Markt kommt in Schwung Unternehmen suchen neue Finanzierungsvarianten
aus Neue Zürcher Zeitung, 18.07.2003, Nr. 164, S. 31

(7) High Yields begeistern Anleger eher als Emittenten Hochzinsanleihen sollen sich als Alternative zum Bankkredit etablieren - Rating-Abneigung bremst Volumen
aus Börsen-Zeitung, 10.09.2003, Nummer 174, Seite 3

(8) High Yield, High Profit
aus Börsen-Zeitung, 10.09.2003, Nummer 174, Seite 8

(9) Überraschendes Wachstum bei High-Yield-Bonds
aus Börsen-Zeitung, 27.08.2003, Nummer 164, Seite 4

(10) Jenoptik bittet zur Kasse High-Yield-Volumen soll Kapitalerhöhung übertreffen - Mittelverwendung nebulös - Kurs gibt deutlich nach

aus Börsen-Zeitung, 27.09.2003, Nummer 187, Seite 11

(11) Jenoptik schnürt Finanzpaket
aus Börsen-Zeitung, 27.09.2003, Nummer 187, Seite 1

(12) Dresdner hält klassische Kredite für überholt
Traditionelles Firmengeschäft verliert an Bedeutung ·
Vorstand Karl Ralf Jung sieht Kapitalmarktprodukte
wie Anleihen im Aufwind
aus Financial Times Deutschland vom 30.07.2003,
Seite 16

(13) Hochzinsbonds versprechen noch Gewinne
Anleger ziehen Risikopapiere Staatstiteln vor · Firmen
nutzen Zinsniveau · Finanzierung über Kredite
problematisch
aus Financial Times Deutschland vom 30.07.2003,
Seite 17

(14) HeidelbergCement stockt High-Yield-Bond auf
NEUEMISSIONEN
aus Börse Online vom 10.07.2003, Seite 45

(15) Schaukelpartie bei europäischen Staatsanleihen
geht in die nächste Runde Nachschub bei
Unternehmensbonds dünnt aus - Deutscher
Mittelständler Flender begibt Hochzinsanleihe
aus Börsen-Zeitung, 26.07.2003, Nummer 142, Seite 4

(16) ANSPRUCHSVOLLE AUSWAHL
Schuldverschreibungen. Die Renditen sind im Tief, die
Suche nach Neuinvestments mühsam. Doch es gibt

noch lukrative Papiere.
aus Capital vom 10.07.2003, Seite B10

(17) Jahresabschlüsse bleiben für die Urteilsbildung unverzichtbar
aus Betriebswirtschaftliche Blätter, August 2003, Nr. 08, S. 389

(18) Markterholung sorgt für Renaissance der taktischen Asset Allocation
aus Sparkasse, September 2003, Nr. 09, S. 423

Impressum

Unternehmensfinanzierung: High-Yield-Bonds als Alternative zum Bankkredit

Bibliografische Information der deutschen Nationalbibliothek

Die Deutsche Nationalbibliothek verzeichnet diese Publikation in der deutschen Nationalbibliografie; detaillierte bibliografische Daten sind im Internet über http://dnb.d-nb.de abrufbar.

ISBN: 978-3-7379-0420-9

© 2015 GBI-Genios Deutsche Wirtschaftsdatenbank GmbH, Freischützstraße 96, 81927 München, www.genios.de

Alle Rechte vorbehalten. Dieses Werk ist einschließlich aller seiner Teile – z.B. Texte, Tabellen und Grafiken - urheberrechtlich geschützt. Jede Verwertung außerhalb der Grenzen des Urheberrechtsgesetzes bedarf der vorherigen Zustimmung des Verlags. Dies gilt insbesondere auch für auszugsweise Nachdrucke, fotomechanische

Vervielfältigungen (Fotokopie/Mikroskopie), Übersetzungen, Auswertungen durch Datenbanken oder ähnliche Einrichtungen und die Einspeicherung und Verarbeitung in elektronischen Systemen.